BEI GRIN MACHT SICH IHR WISSEN BEZAHLT

- Wir veröffentlichen Ihre Hausarbeit,
  Bachelor- und Masterarbeit

- Ihr eigenes eBook und Buch -
  weltweit in allen wichtigen Shops

- Verdienen Sie an jedem Verkauf

Jetzt bei www.GRIN.com hochladen und kostenlos publizieren

Erstellung eines Strategieberichts für ein Premium-Fitnesstudio in Rostock

S-M. T.

Bibliografische Information der Deutschen Nationalbibliothek:

Die Deutsche Nationalbibliothek verzeichnet diese Publikation in der Deutschen Nationalbibliografie; detaillierte bibliografische Daten sind im Internet über http://dnb.d-nb.de abrufbar.

ISBN: 9783346328830
Dieses Buch ist auch als E-Book erhältlich.

© GRIN Publishing GmbH
Nymphenburger Straße 86
80636 München

Druck und Bindung: Books on Demand GmbH, Norderstedt Germany
Gedruckt auf säurefreiem Papier aus verantwortungsvollen Quellen

Das vorliegende Werk wurde sorgfältig erarbeitet. Dennoch übernehmen Autoren und Verlag für die Richtigkeit von Angaben, Hinweisen, Links und Ratschlägen sowie eventuelle Druckfehler keine Haftung.

Das Buch bei GRIN: https://www.grin.com/document/976665

Deutsche Hochschule für
Prävention und Gesundheitsmanagement
Hermann Neuberger Sportschule 3
66123 Saarbrücken

Hausarbeit (kollektive Prüfungsleistung)

Modul	Strategische Unternehmensführung 1
Studiengang	MPGM
Datum Präsenzphase	21.09-24.09.2020
Studienort	Hamburg
Gruppe bzw. zu bearbeitende Stadt	Rostock
Unternehmenstyp*	**Fitnessstudio, Premium-Segment**

* abhängig von Aufgabenstellung: jeweils den zu bearbeitenden „Unternehmenstyp" eintragen

Inhaltsverzeichnis

1 Darstellung der Ausgangssituation

1.1 Wahl des Standortes

Der gewählte Standort des Unternehmens befindet sich in 18109 Rostock im Musterweg 1. In der folgenden Abbildung wurde der Standort mit Hilfe von Openroute Service dargestellt. Der blaue Punkt zeigt die Adresse des Studios an, mit Isochronen wurde ein Anfahrtsweg (Zeit-Distanz-Methode) von bis zu 8 Minuten in grün bzw. bis zu 15 Minuten in rot eingezeichnet, um das Einzugsgebiet optisch zu verdeutlichen. In dem Einzugsgebiet befinden sich Stadtteile mit einem hohen Kaufkraftindex pro Einwohner, z.B. liegt der Ortsteil 18119 Warnemünde bei 95% pro Einwohner (Hanse- und Universitätsstadt Rostock, 2020, S. 6). Die Infrastruktur bietet sowohl einen guten Bahn- und Busanschluss, sowie eine Autobahnverbindung in der Nähe. Gleichzeitig liegt Groß-Klein mit einem durchschnittlichen Preis von 5,72€/m² in dem sehr niedrigen Bereich der Mietpreistabelle (Mietpreisspiegel Tabelle, 2017), was die Unternehmensfixkosten senkt. Fußläufig ist vom Studio aus das Flussufer der Unterwarnow erreichbar, was den Mitglieder schöne Laufrouten bietet.

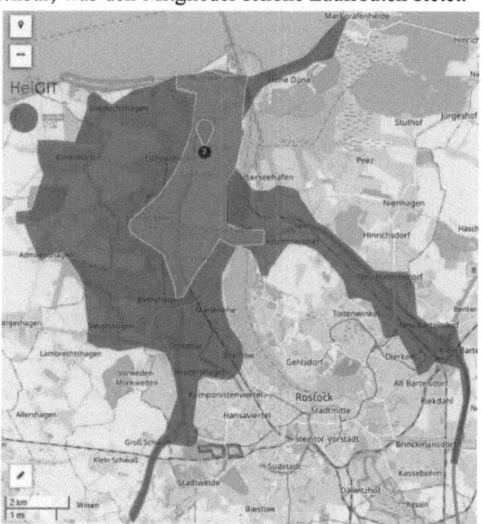

Abbildung 1: Standort des zu planenden Premiumstudios (dargestellt mit openrouteservice.org)

1.2 Beschreibung des Unternehmenstyps

Die Menschen streben danach immer mehr Dienstleistungen oder Produkte kompakt an einem Ort vorzufinden oder zu nutzen, um Zeit und Wegstrecken zu sparen. Daher wird das Premium-Fitnessstudio mit verschiedenen Geschäftsfeldern aktiv am Markt, um den Nutzern die besten Voraussetzungen für ihr Training und ihre Gesundheit zu bieten. Es stehen verschiedene Angebote, auf einer Fläche von ca. 2000m² auf drei Etagen, zur Verfügung. Die großzügige Ausstattung erstreckt sich von TGS-gesteuerte Cardio- und Kraftgeräten von der Firma TechnoGym, über Functionaltraining und diverse Kurse, bis hin zu einem umfangreichen Wellnessangebot.

Zusätzlich zu zwei großen Kursräumen für aktionsreiche und schweißtreibende Kurse, wird ein kleinerer Kursraum für ruhigere Kurse (z.B. Yoga, Faszientraining) eingerichtet. Das Wellnessangebot umfasst eine finnische Sauna (stündlicher 10 Minuten-Aufguss), eine Bio-Sauna, ein Kälte-Tauchbecken, einen Ruheraum und zwei Massage-Liegen (Nutzung nach Zubuchung für 5,00€ pro Monat).

Dienstleistungen, wie z.B. Analyse des Körpers und des bisherigen Lebensstils, Trainingsplanerstellung, Flächenbetreuung, Kursangebote und regelmäßige Check Ups sind in den Mitgliedsbeiträgen inklusive. Ein zusätzlicher Verkauf von Personal Training und individuellen Ernährungsplänen, sowie Tipps zu Einkaufgewohnheiten generieren weitere Einnahmen.

Nicht nur die Ausstattung des gesamten Studios bietet eine sehr hohe Qualität, sondern auch die Aus- und Fortbildung der Angestellten. Die Trainer haben allesamt ein Studium an der DHfPG absolviert, oder sind noch im dualen Studium und nehmen regelmäßig an Fortbildungen teil. Auf der Trainingsfläche dürfen nur Trainer agieren, die mindestens im Besitz der B-Lizenz sind. Probetrainings werden kostenlos, aber nur in Verbindung mit einem Trainertermin möglich sein, um eine optimale Beratung und Betreuung zu bieten. Diese Probetrainings verlaufen nach einem einheitlichen und speziell erstelltem Konzept. Um wirklich eine optimale und hohe Qualität nachzuweisen, ist das Studio DIN-Norm 33961 zertifiziert und ist engagiert an der DIN-EN-Norm Erstellung mitzuarbeiten. Der Studiobetrieb wird nicht nur auf Privathaushalte ausgerichtet, sondern auch auf Firmenkunden und gesundheitlich beeinträchtigte Personen. Für gesundheitlich Beeinträchtigte sind Physiotherapeuten im Studio mit eigenen Räumlichkeiten angestellt. Hier können alle Mitglieder schneller Termine bekommen, sich Probleme diagnostizieren lassen und dementsprechend Trainingseinheiten im Studio absolvieren, welche wiederum auch von einem Physiotherapeuten oder Trainer begleitet werden können. Des Weiteren gibt es Präventionskurse nach dem §20 Abs.1 SGB V, sodass die Mitglieder oder auch externe Tageskunden etwas für ihre Gesundheit tun können, was von den Krankenkassen unterstützt wird (Sozialgesetzbuch, 2020). Auch findet zwei mal in der Woche ein, von den Krankenkassen geförderter, Rehabilitationskurs statt.

Für Firmenkunden ist nicht nur die Studionutzung eine Option, sondern auch das Buchen von BGM-Seminaren zur gesundheitlichen Weiterbildung der Führungskräfte und Mitarbeiter am Arbeitsplatz. Die monatlichen Mitgliedsbeiträge liegen, im Premium-Segment, zwischen 89,00€ und 109,00€. Die gesamte Studionutzung ist daher inklusive. Nur diverse, weitere Dienstleistungen sorgen für zusätzliche Einnahmen (s.o.). Firmen können individuelle Firmenmitgliedschaften abschließen oder über Hansefit trainieren kommen.

Tabelle 1: strategische Geschäftsfelder des Premiumstudios

Geschäftsfeld	Produkte	Dienstleistungen
Gerätefläche	Cardio-/Kraftgeräte und dazugehörige TGS-Schlüssel, FunctionalTower und Kleingerätschaften	Einweisung und individuelle Pro-grammierung der Geräte auf den TGS
Kursangebote	Kurse jeglicher Art (Hot Iron, Yoga, Tabata, etc.)	Zertifizierte und hoch qualifizierte Kurstrainer
Wellnessangebote	Sauna, Kältebecken, Massage-Lie-gen	Einweisung in korrekte Nutzung der Angebote
Präventionskurse	Nach §20 Abs.1 SGB V	Zertifizierte Trainer, Rückerstattung der Kosten durch gesetzl. Kranken-kasse
Rehabilitationskurse	Wechselnde Kursangebote	Zertifizierte Trainer, Rückerstattung der Kosten durch gesetzl. Kranken-kasse
Betreuungskonzept	Trainertermine	Dauerhafte Flächenbetreuung durch anwesenden Trainer, qualifizierte Trainingsplanaktualisierungen
Personaltraining	Individual Training	Extra zu buchende Trainingseinheiten mit Trainer im 1:1 Format.
Firmenfitness	Seminare	Extra zu buchende Seminare/ Work-shops mit BGM spezialierten Trai-nern

2 Phase der strategischen Zielplanung

2.1 Unternehmerische Vision/ Mission/ Grundwerte

Jedes Unternehmen braucht ein übergeordnetes großes Ziel, welchem sie folgt. Eine Vision, die sinnstiftend, motivierend und handlungsleitend ist (Müller-Stewens & Lechner, 2011, S. 225). Die Vision des zu planenden Premiumstudios lautet dementsprechend:

„Stell dir einen Ort vor, an dem jeder Mensch die Chance hat, sein individuell gesündestes Ich zu entwickeln. Das ist unser Ziel."

Diese Vision hat eine Sogwirkung durch das „Stell dir einen Ort vor". Die Mitglieder benötigen ihre Vorstellungskraft und fühlen sich direkt persönlich angesprochen. Aus dieser Vision lässt sich auch die unternehmerische Mission ableiten, da die Mitglieder das absolute Zentrum des Studios bilden. Es wird die Mission verfolgt, dieses Zentrum stark und zufrieden zu halten. Das heißt für jeden Menschen, egal welche Vorerkrankungen oder Einschränkungen er hat, sollen hier umfassende Möglichkeit geschaffen werden. Sodass, jedes Mitglied mit Hilfe des Gesamtkonzeptes des Premiumstudios, die gesündeste Version von sich selbst entwickeln kann. Mitglieder tun präventiv etwas für ihren Gesundheitserhalt. Verletzte können mit der Hilfestellung der Trainer ihre Gesundheit wiederherstellen. Sie werden schmerzfrei, aktiver und beweglicher.

Das Premiumstudio baut seine Basis auf ausformulierten Grundwerten auf, welche das gesamte Team verinnerlicht hat und denen es folgt. Das Studio steht für höchste Qualität und außergewöhnliche Dienstleistungen und Kundenorientierung. Es bietet Kunden eine Wohlfühlsatmosphäre mit höchster Kompetenz und individueller Betreuung, um möglichst effizient an Zielen zu arbeiten. Die Trainer und Therapeuten sind auf dem neuesten Fortbildungsstand. Für jedes Alter und Geschlecht findet sich das passende Angebot.

In der folgenden Tabelle sind die Grundwerte des Unternehmens nochmal übersichtlich zusammengefasst.

Tabelle 2: Grundwerte des Premiumstudios

Grundwerte, die die Mitarbeiter verkörpern und an die Mitglieder tragen	Grundwerte, die das Unternehmen an alle vermittelt
Freundlichkeit: Jedes Mitglied wird freundlich empfangen.	Innovativ: Das Unternehmen bringt regelmäßig Neuheiten in die Studios ein und ist offen für zukunftsweisende Ideen.
Motiviert: Jeder Mitarbeiter macht seinen Job gerne und setzt sich ernsthaft mit seinem Kunden auseinander.	Hohe Mitarbeiterbindung: Das Unternehmen hat eine niedrige Mitarbeiterfluktuation und bietet gute Übernahmechancen nach Ausbildungen/Studium.
Kompetent: Mitarbeiter weisen Qualifizierungen für ihre Tätigkeiten auf.	Wirtschaftlich sehr erfolgreich mit Zukunfts- und Wachstumspotenzial.
Hilfsbereit: Jedem im Studio wird, wenn nötig, schnell und selbstverständlich Hilfe angeboten.	Bieten ausgezeichnete Weiterbildungsmöglichkeiten und Zukunftsperspektiven für Mitarbeiter und Mitglieder an. In Form von Fortbildungen, Wokshops, etc.
Zuverlässigkeit: Mitarbeiter sind pünktlich am Arbeitsplatz und Trainings- oder Behandlungstermine starten zur ge-planten Uhrzeit.	Geschäftspartner nehmen das Unternehmen als zuverlässigen, seriösen & erfolgreichen Partner wahr.
Die Mitarbeiter identifizieren sich mit dem gesamten Unternehmen.	Verbreiten Freude an Bewegung und die Gesundheit aller steht im Fokus.
Das Team bildet eine Einheit: respektvoller, ehrlicher & wertschätzender Umgang im Team	Hohe Hygienestandards in allen Bereichen.
Hohe Leistungsbereitschaft: bei Notfällen sind die Mitarbeiter belastbar und geben jederzeit ihr Bestes.	

2.2 Strategische Zielplanung

Begründet auf den Grundwerten (Tabelle 2) und der in 2.1 dargestellten Missionen und der Vision des Premiumstudios, lassen sich vier strategische Unternehmensziele ableiten.

Tabelle 3: Strategische Zielplanung des Premiumstudios

Inhalt	Ausmaß	Zeit
Aufbau Personal	Lizenziertes, interdisziplinäres Team von mind. 15 Leuten.	Bis zur Eröffnung, sowie dauerhaft während des zukünftigen Betriebs.
Mitgliederzufriedenheit	Fluktuationsquote bleibt beständig unter 15%.	Drei Jahre nach Eröffnung
Erfolgreiches Wachstum	Beständiger Mitgliederzuwachs (etwa 500 pro Jahr) und Marktführer im Fitness-studiosegment in Rostock	Vier Jahre nach Eröffnung
Aufbau von Partnerschafts-netzwerken	Gewinn von drei Kooperationspartner (Ärzte, Krankenkassen, Hansefit, Firmen-kooperationen)	Bis erstes Quartal im dritten Betriebsjahr, sowie dauerhaft während des zukünftigen Betriebs.

2.3 Branchenvergleich

Tabelle 4: Branchenvergleich dreier Mitbewerber

	Vitalis- Zentrum für Gesundheit, Fitness & Wellness	MedX- Rostock	Fitness First Rostock
Vision	Ihr Spezialist für einen gesunden Rücken und erfolgreiches Abnehmen (Vitalis, 2020).	Ein gesundheitsorientier-tes Fitnesstraining mit höchster Effizienz! (MedX-Rostock, 2020)	Mitglieder dazu motivieren, ihre Fitness zu steigern, ihre Gesundheit zu verbessern und sich rundum wohl zu fühlen (Fitness First, 2020)
Mission	Die beste Beratung durch eine Menge Fort- und Weiterbildungen, zu einer gesundheitsbewussteren Lebensweise (Vitalis, 2020).	Ein effektives Training ganz nach Ihren Bedürfnissen. Wir konzentrieren uns auf das Wesentliche (MedX-Rostock, 2020).	Die individuellen (Fitness-) Ziele jedes einzelnen Mitglieds stehen im Fokus. Balance aus Training, Er-nährung und Inspiration. Nachhal-tig und effizienter die Lebensquali-tät verbessern (Fitness First, 2020)
Grundwerte	Erfolgreiches Zusammenarbei-ten mit Krankenkassen, ständige Erweiterung der Angebote, be-liebter Dienstleiter, freundliche & angenehm familiäre Atmosphäre (Vitalis, 2020).	Ganz nach Ihren Bedürf-nissen, zielorientierte Trai-ningssteuerung, Effizienz, Individualität (MedX-Rostock, 2020).	Führender Fitness- und Gesund-heitsdienstleister in Deutschland. Hohe Trainings- und Servicestan-dards. Dauerhafte Unterstützung und Motivation durch Mitarbeiter an die Mitglieder (Fitness First, 2020).

Um die Unternehmensziele aus Kapitel 2.2 zu erreichen, ist es notwendig sich mit Konkurrenten und Mitbewerbern der Branche auseinanderzusetzen. Im Umfeld des ausgewählten Standortes befinden sich drei Studios, welche von den Grundwerten und Missionen her dem Premiumstudio ähneln. Diese Mitbewerber sollten analysiert werden und deren Angebote mit den eigenen verglichen werden, gerade um Marktführer zu werden. In der Tabelle 4 sind die Visionen, Missionen und Grundwerte dieser Anbieter dargestellt. Der Kern aller Unternehmen ist es, die Gesundheit der Mitglieder zu verbessern und diese dabei qualitativ zu unterstützen. Alle möchten individuell auf ihre Mitglieder eingehen und sie für Fitness bzw. für eine gesunde Lebensweise begeistern. Unterschiede sind in den Angeboten und kleinen Einzelheiten zu finden. Während MedX z. B. auf ein schnelles, effektives Kraft- und Cardiotraining Wert legt, wird bei den anderen Unternehmen die Ganzheitlichkeit von Training, Kursen und Wellness rübergebracht. Die Grundwerte der drei Mitbewerber wurden nicht detailliert dargestellt bzw. gefunden, weshalb die Grundwerte in der Tabelle 4 Schlussfolgerungen aus ihren Missionen, Visionen und generell ihrem Marktauftritt sind.

Schlussfolgerungen, welche aus diesem Branchenvergleich gezogen werden können sind: Die Kernvision des Unternehmens passt zum aktuellen Markt, worauf dann selbstverständlich auch andere Studios ausgerichtet sind. Auch Konkurrenten werben mit Individualität, weshalb hier die Qualität wirklich hochgehalten werden muss. Bei den drei Konkurrenten sind ausschließlich die Missionen und Werte vom Unternehmen zu den Kunden dargestellt, keine Infos zum Umgang zu Geschäftspartnern oder Mitarbeitern. Die Grundwerte des Premiumstudios sollten den Mitgliedern zugänglich auf der Website o.ä. offen gelegt werden, um diese Grundwerte nicht nur im Unternehmenskern präsent zu haben, sondern diese auch nach außen an alle Mitarbeiter und Mitglieder zu kommunzieren. Sodass alle mit diesen Grundwerten und Visionen sich ins und ans Unternehmen binden können.

3 Phase der strategischen Analyse und Prognose

3.1 Branchenstrukturanalyse

Steht ein Unternehmen in einem Wettbewerbsverhältnis zu anderen Unternehmen seiner Branche, beeinflussen laut Porter (2000, S.29) verschiedene Strukturmerkmale die Intensität und Dynamik diesen Wettbewerbs und somit auch die Rentabilität. M. E. Porter entwickelte schon 1979 ein Modell, mit dem Marktkräfte und ganze Branchen strukturiert analysiert werden konnten.

Tabelle 5: eigene Darstellung Five-Forces-Modell nach Porter (2000, S.29)

Five-Forces-Modell	Premiumstudio
Wettbewerber der Branche (Anzahl und Stärke)	Bestehende Mitbewerber (vgl. Tabelle 4), die evtl. ihr Angebot noch ausbauen und schon bekannter sind, sowie weitere Vereine, etc.
Bedrohung durch potentielle, neue Konkurrenten	Neue Premium-Fitnessstudios im Marktgebiet, welche nicht vorhersehbar sind und die u.U. spezielle Stärken aufweisen mit denen man nicht konkurrieren kann.
Zahl, Größe, Verhaltensstruktur und Preissensitivität der Abnehmer	Einwohner aus Rostock, sowie Urlauber die potenzielle Tageskunden sind.
Bedrohung durch Ersatzprodukte	Fitness Apps, YouTube Kanäle, Influencer, welche kostenlos oder deutlich günstiger sind und jederzeit von überall abgerufen werden können.
Verhandlungsstärke der Lieferanten	Krankenkassen, Ärzte, Gerätehersteller, externe Kurstrainer

Um nun sinnvoll mit diesen Wettbewerbskräften und den eigenen Stärken und Schwächen zu arbeiten, sollte ein Aktionsplan ausgearbeitet werden. Dieser enthält drei Aspekte: Gewünschte Positionierung des Unternehmens, Beeinflussung des Kräftegleichgewichts und das Profitieren von Branchentrends (Porter, 2015, S.31). Nach diesem Aktionsplan sollte anschließend gehandelt werden und derselbige sollte regelmäßig auf die Aktualität hin überarbeitet werden.

Das Modell in Tabelle 5 zeigt, dass bestehende Mitbewerber im Umfeld des zu eröffnenden Standortes ihr Angebot ausbauen können und somit stärkere Rivalen werden. Um diese Gefahr etwas zu mindern, muss das Unternehmen selbst immer auf dem neuesten Stand bleiben und sich beständig weiterentwickeln. Die Eckdaten der deutschen Fitness-Wirtschaft 2019 zeigen, dass die Fitnessbranche weiterhin auf der Erfolgsspur ist (Fitness Management, 2019). Dies belegt die Überlegung, dass weiterhin potentielle, neue Konkurrenten im näheren Umfeld entstehen können, gegen die sich dann behauptet werden muss. Daraus schlussfolgert sich auch, dass ein verbindlich und gut gepflegter Lieferantenstamm gewonnen werden sollte, um mit deren Verhandlungsstärke agieren zu können. Gerade, wenn für Lieferanten und Kooperationspartner weitere Studios als Partner in Frage kämen. Mit Krankenkassen und Ärzten sollten engagierte Kooperationen herrschen, um auch über diese Neumitglieder zu gewinnen. Die Bedrohung durch Online-Ersatzprodukte kann nicht eliminiert, aber gemindert werden, indem das Studio selbst eine eigene App für die Mitglieder entwickelt. Hier kann mit und zwischen den Mitgliedern kommuniziert werden, Infos zum Studio/Kursen/Besonderheiten werden gepostet und es können individuelle Trainingspläne für die Mitglieder erstellt werden (z.B. auch Home-Workouts).

Ein weiterer Punkt, der nicht im Five-Forces-Modell aufgeführt sein kann, mit dem aber geplant werden muss und der die Fitnessbranche sehr plötzlich und hart getroffen hat, ist die COVID-19 Krise. In der ersten Lockdown-Phase wurden 74% weniger Neuverträge unterzeichnet und es wurden knapp 14% mehr Kündigungen verzeichnet als im Vorjahr (Fitness Management, 2020). Laut D. Köndgen (Fitness Management, 2020) gibt es jedoch auch seit der Wiedereröffnung viele Neumitglieder. Diese unsichere wirtschaftliche Situation muss bei der Planung des Premiumstudios mit berücksichtigt werden und Handlungsleitfäden, sowie Aktionspläne für den Falle einer erneuten Schließung sollten von Anfang an erarbeitet werden. So können Mitarbeiter und Trainer schneller reagieren und den Mitgliedern ein stabiles und strukturiertes Trainingserlebnis, auch unter besonderen Umständen, bieten.

3.2 SWOT-Analyse

Die SWOT-Analyse steht für die Analyse eines Unternehmens unter den Gesichtspunkten: Strength, Weaknesses, Opportunities und Threats (Venzin et al., 2010, S.53). Durch die Kombination dieser Analysen entsteht gleichzeitig eine Verknüpfung der Unternehmens- und Umweltanalyse, welche im Folgenden durchgeführt werden sollen.

Das zu eröffnende Premiumstudio ist ein international agierendes und expandierendes Unternehmen. Dies bringt diverse Stärken, aber auch Schwächen mit sich, welche genauer betrachtet werden sollen, um sich im deutschen Markt besser zu positionieren. Es ist wichtig herauszufinden, womit sich das Unternehmen von bestehenden Studios abhebt und welche Schwächen noch verbessert werden müssen, um in Rostock Marktführer zu werden und die anderen Punkte der strategischen Zielplanung zu erreichen.

Wie bereits in Kapitel 2.3 im Branchenvergleich dargestellt wurde, stimmen die meisten Premiumanbieter hinsichtlich den Angeboten von qualitativen Gerätschaften und Wellnessangeboten, sowie den Kernmissionen überein. Aufgrund dessen ist es essentiell, dass die Stärken des Unternehmens herausgearbeitet werden, mit denen es sich von anderen Anbietern abhebt. Zu den internen Stärken des geplanten Premiumstudios zählen das hoch qualifizierte Personal, welches beständig und motiviert die Mitglieder intensiv betreut. Auch das breit gefächerte Angebot mit integrierter Physiotherapie ist absolut einzigartig im Marktgebiet. Diese Stärken passen zu den vorhandenen Chancen auf dem Markt. Immer mehr Menschen wollen oder müssen etwas für ihre Gesundheit tun. Gleichzeitig entstehen immer mehr moderne Krankheitsbilder, welche mit Fitnesssport sehr gut behandelt werden können (z.B. Stress). Rückenbeschwerden wurden laut Statista Research Department (2017) sogar als einer der wichtigsten Ursachen für Arbeitsunfähigkeit in Deutschland betitelt und mit Krafttraining kann man den Rücken nachhaltig und präventiv stärken und schmerzfreier werden. Eine weitere Chance ist die Zusammenarbeit mit den gesetzlichen Krankenkassen in Form von Präventionskursen nach §20 Abs. 1 SGB V (Sozialgesetzbuch, 2020). Die Mitglieder können sich ihre Kosten fördern lassen und erhalten bei dem zu planenden Premiumstudio entsprechende Kurse und eine optimale Betreuung.

Die optimale Betreuung hat natürlich auch seine Kosten, welche aus interner unternehmerischer Sicht sehr hoch ausfallen können. Auch die laufenden Studien- oder Fortbildungskosten der Mitarbeiter zählen hierzu. Qualifiziertes Personal ist einer der wichtigsten und aber auch teuersten Punkte, welches bei der Budgetplanung unbedingt berücksichtigt werden sollte. Wie bereits im Five-Forces-Modell aufgefallen ist, sind Online-Angebote externe Risiken, die das Unternehmen auch, zumindest zum Teil, aufgreifen und anbieten sollte.

Tabelle 6: Umwelt- und Unternehmensanalyse

Stärken	Schwächen	Chancen	Risiken
Premiumstudio mit hoch qualifiziertem Personal und beständiger Mitgliederbetreuung	Hohe Personal- und laufende Fortbildungskosten	Immer mehr Menschen wollen etwas für ihre Gesundheit tun und gleichzeitig entstehen immer mehr „moderne" Krankheitsbilder (Rücken, Stress)	Online-Trainings-Angebote, wie Apps, Trainingsvideos auf YouTube/ Instagram: meist kostenlos
Breit gefächerte Angebote: Mitglieder haben „Alles an einem Ort" (Wellness, Kurse, Physio, Geräte, Ernährung, etc.)	Nicht bekannt am deutschen Markt: Bekanntheit muss erst aufgebaut werden (Marketing & Werbungskosten)	Zusammenarbeit mit gesetzlichen Krankenkassen ist möglich: Mitgliedergewinn, da diese die Trainingskosten erstattet bekommen	Lage: Rostock ist eine verhältnismäßig kleine, ruhigere Satdt, wo schon einige Studios vorhanden sind: eventuell wird Ziel des erfolgreichen Wachstums nicht so schnell erreicht

Links in der Tabelle 6 sind Stärken und Schwächen des Unternehmens dargestellt und rechts in der Tabelle, die Chancen und Risiken der Umwelt.

Tabelle 7: SWOT-Matrix

	Chancen (Opportunities)	Risiken (Threats)
Stärken (Strenghts)	- hoch qualifiziertes Personal betreut dauerhaft die Mitglieder, hilft präventiv Gesundheit zu verbessern und entgegen moderne Krankheitsbilder zu wirken	- sehr unpersönliche Onlineangebote können durch professionelle und engagierte Betreuung ausgestochen werden, individuelle Betreuung des Mitglieds hervorheben
	- Durch das breit gefächertes Angebot ist die Zusammenarbeit mit gesetzlichen Krankenkassen möglich, welche den Mitgliedern die Kosten erstattet	- vorhandene Studios haben nicht solch ein breites Angebot, Werbung des Studios fokussieren auf „Alles an einem Ort": Physio, Wellness, Training, Freunde in Kursen treffen, etc
Schwächen (Weaknesses)	- durch niedrigen Bekanntheitsgrad kann das Image von Grund auf neu geschaffen werden, keine Vorurteile (Fokus auf Image-Aufbau setzen)	- Abschreckung durch hohe Personalkosten dürfen nicht dazu führen, dass das Studio auf einheitliche, günstige Onlineangebote zurückgreift, um Mitglieder zu betreuen. Gefahr dabei ist, dass die Mitglieder dabei bleiben und kündigen
	- hohe Personalkosten, können durch Mitgliederzuwachs sehr gut gedeckt werden: immer mehr Menschen möchten etwas für ihre Gesundheit tun und über Kooperationen werden Neumitglieder in das Studio empfohlen (Kooperationen festigen und Mitglieder gewinnen)	- da der Markt einige Studios aufweist, muss abgewogen werden, ob Ausgabe von Werbungs- und Marketingkosten lohnt, um gewünschten Mitgliederzuwachs zu erhalten & wie realistisch es ist Marktführer zu werden

3.3 Zielplanung

Die in Kapitel 2.2 dargestellten Ziele des Unternehmens lassen sich auch nach vollständig durchgeführter Analyse sehr wahrscheinlich erreichen. Erstes Ziel ist der Aufbau von qualifiziertem Personal bis zur Eröffnung des Studios, sowie fortlaufend im künftigen Betrieb. Da das Unternehmen bereits international agiert, sind Erfahrungen im Recruiting vorhanden und eventuell auch Mitarbeiter, die bereit sind sich versetzen zu lassen. Zusätzlich sind mittlerweile ein Fünftel der Mitarbeiter in der Fitnessbranche Akademiker und das duale Studium ist auf dem Vormarsch (Fitness Management, 2019b), was darauf schließen lässt, dass sich sehr sicher duale Studenten für den Betrieb finden lassen. Ein weiteres Ziel ist ein erfolgreiches Wachstum. Dieses ist, wie bereits durch die Eckdatenstudie belegt (Fitness Management, 2019), auch zu erwarten, da die Fitnessbranche beständigen Zuwachs verzeichnet. Der Aufbau von Partnerschaftsnetzwerken sollte durch die Erfahrung des expandierenden Unternehmens auch zuverlässig erfolgen können. Das einzig ungewisse Ziel liegt in der Mitgliederzufriedenheit bzw. darin ob die Fluktuationsquote tatsächlich unter 15% liegen wird. Laut der Eckdatenstudie (Fitness Management, 2019) liegt in Deutschland die durchschnittliche Fluktuationsrate niedrig bei 22,3%. Die 15% sind optimistisch angepeilt, aufgrund der Erfahrungen des Unternehmens an anderen

Standorten. Das Fazit ist, dass das Unternehmen optimistisch sein darf alle seine Ziele zu erreichen, da die Mitglieder und die Qualität des Studios an oberster Stelle stehen.

4 Phase der Strategierformulierung

4.1 Strategieformulierung

Die zu verfolgende Strategie auf der Unternehmensebene ist es eine eindeutige Wachstumsstrategie auszuarbeiten. Durch die Erfahrungen der Unternehmensgruppe und dem Fokus auf optionale Kooperationspartner am Standort, sollte das Ziel, mindestens 500 Neumitgliedern pro Jahr zu gewinnen, realisierbar sein. Vier Jahre nach Eröffnung des Premiumstudios am Standort Rostock Martkführer zu sein ist nur dann möglich, wenn das Studio sich fortlaufen selbst, sowie den aktuellen Markt analysiert und reflektiert. Die primär anzustrebende Produkt-Markt-Strategie ist die Marktdurchdringung. Es wird sich mit bekannten Produkten auf dem bestehenden Fitnessmarkt eingebracht, welche aber zugleich von innovativen Ideen und modernem, dienstleistungsorientiertem Arbeiten ergänzt werden. Damit liegt die Wahrscheinlichkeit des Erfolgs bei ca. 50% laut Nagel & Wimmer (2009, S.206). Auf der Geschäftsbereichsebene wird geschaut, wie sich das Unternehmen den Mitbewerbern gegenüber positionieren soll. Durch das breit gefächerte Angebot und die außerordentliche Kundenorientierung, sowie Qualifizierung der Mitarbeiter, soll sich das Premiumstudio von Konkurrenten am bestehenden Markt differenzieren. Die Stärken des Unternehmens müssen bei den Werbungs- und Marketingsstrategien ganz klar und verständlich im Fokus stehen. Hierzu sollte auch nochmal ein exakter Blick auf die oben abgebildete SWOT-Matrix geworfen werden. Es muss für jedes Neu- und Bestandsmitglied auf Dauer klar sein, dass dies das richtige Premiumstudio für sie ist und sie nicht nur eine Nummer im System sind, sondern einzigartig behandelt werden.

4.2 Blue Ocean-Strategie

Mit der Blue Ocean-Strategie sollen neue Märkte geschaffen werden und sie bieten zugleich hohe Gewinn- und Wachstumschance. Da sich die Unternehmensgruppe nicht nur gewinnorientiert, sondern auch sozial am Markt positionieren möchte, wird die unternehmerische Vision wieder aufgegriffen: „Stell dir einen Ort vor, an dem jeder Mensch die Chance hat, sein individuell gesündestes Ich zu entwickeln. Das ist unser Ziel." Es wird eine konzeptionelle Strategie entwickelt für Leute, die sich kein Fitnessstudio leisten können und trotzdem etwas für ihre Gesundheit tun möchten. Die genaue Beschreibung dieses Konzeptes würde den Rahmen der vorliegenden Arbeit leider sprengen, daher wird das Konstrukt nur grob umrissen. In Kooperation mit der Stadt können von dem Studio regelmäßig öffentliche Sportevents, in Kombination mit einer Spendenaktion stattfinden. Die Stadt stellt Veranstaltungsräume und das Studio die Trainer. Tageskarten werden sich im unteren Bereich um die 20-30€ bewegen, wovon 50% an gemeinnützige, lokale Zwecke gespendet wird. Die anderen Geldmittel gehen ans Studio zur Planung der nächsten Events. Abgesehen von Workout-Kursen und Laufgruppen werden auch Vorträge zur Gesundheit und Tipps zur Ernährung gegeben, hier z.b. auch wie man schnell und gesund größere Familien bekocht und selber gesunde Babynahrung ohne Zucker herstellt. Große, ansässige Unternehmen können das Ganze noch fördern und auch spenden. So baut sich das Premiumstudio ein soziales, beliebtes Image auf, hält im Studio die Qualität und Leistungen hoch und gewinnt über die Veranstaltungen potentielle Neukunden.

5 Personalmanagement

5.1 Führungsverhalten

Zu dem Führungsverhalten zählen unter anderem das Delegationsvermögen, die Förderung der Mitarbeiter, die Informationsbereitschaft und das unternehmerisches Denken. Wie ernst nimmt die Führungskraft die Erwartungen und Bedürfnisse der Mitarbeiter? Die einzustellende Führungskräft des Premiumstudios sollte generell einen kooperativen Führungsstil verkörpern, jedoch auch situativ angepasst reagieren können. Der Vorteil hiervon ist, dass die Meinungseinbringung der Mitarbeiter ermöglicht wird und sie emotional an das Unternehmen gebunden werden. Auch steigt die Motivation und die Leistungsbereitschaft des gesamten Teams, wenn ein zusammen erarbeitetes Ziel verfolgt wird. Laut Nink (Handelsblatt Online, 2016) gaben 55% von 100 Befragten Arbeitnehmern an, leider kein Leistungsgespräch, in den letzten sechs Monaten, mit ihrem Vorgesetzten geführt zu haben. Das heißt, die Führungskraft sollte regelmäßige Team- und Einzelgespräche mit den Angestellten führen und ihnen konstruktives Feedback geben, sie motivieren und auch um eine Gegenmeinung zur Führung bitten. Generell wird von der Führungskraft erwartet, dass sie coachend agiert und den Angestellten ein Vorbild ist. Persönliches und menschliches Vorankommen im Team und in der eigenen Berufsausübung, sollte eins ihrer intrinsischen Ziele sein. Betrachtet man wieder die Zielplanung des Unternehmens, wird auch ein visionäre Führung angestrebt. Das Premiumstudio möchte seine Ziele in einer gewissen Zeit erreichen und fordert somit eine Führungskraft, die sich durchsetzen und Entscheidungen treffen kann, wenn dies nötig ist. Nach Prof. Dr. Cornelius et al. (2010) muss eine Führungskraft gewisse Persönlichkeitsmerkmale, wie Intelligenz, Leistung, Zuverlässigkeit, Selbstvertrauen, Kontaktfähigkeit und Anpassungsfähigkeit, mitbringen. Des Weiteren wird von der Unternehmensgruppe die Identifikation mit den Unternehmensgrundwerten und der Vision vorausgesetzt. All diese Voraussetzungen basieren auf einem wertschätzenden, ehrlichen und respektvollen Verhalten mit allen Angestellten und allen Mitgliedern der Unternehmensgruppe.

5.2 Recruiting

Es wird am Arbeitsmarkt eine Stellenanzeige veröffentlicht, vorzugsweise im Internet. In dieser Stellenanzeige wird detailliert die Stelle beschrieben und die Qualifikationen vorausgesetzt. Nachdem die Bewerber gecheckt und vorsortiert wurden, müssen die geforderten Eigenschaften überprüft werden. Da ein Probearbeiten nicht möglich ist, geschieht dies in erster Instanz über ein Bewerbungsgespräch und in zweiter Instanz über ein Testverfahren im sogenannten Assessment-Center. Im Bewerbungsgespräch wird über die Diagnosephase und die Vorstellungen des Bewerbers zur Stelle eine erste Vorauswahl getroffen. Im Assessment-Center werden dann systematisch Verhaltensleistungen bzw. -defizite der Bewerber erfasst. Nach Prof. Dr. Kleinmann et al. (2013, S.2) schätzen mehrere Beobachter (z.B. der Vorstand) gleichzeitig die Leistung der Bewerber, nach festgelegten Regeln in Bezug auf vorab definierte Anforderungsdimensionen ein. Praktisch wäre es den Bewerbern ein Fallbeispiel aus einer tatsächlichen Situation im Studiobetrieb vorzulegen, welches diese dann ausführlich bearbeiten und die Lösung anschließend zu bewerten. Beliebt sind auch Gruppenarbeiten, um das agieren im Team zu beobachten. Aufgrund dieser Beobachtungen und schriftlichen Lösungsvorschlägen der Bewerber, kann später eine exakte Auswahl getroffen werden und die bestmögliche Führungskraft eingestellt werden.

6 Literaturverzeichnis

Prof. Dr. Cornelius, P., Prof. Dr. Dinger, R., Prof. Dr. Schuppen, T., Prof. Dr Scharf, M. & Prof. Dr. Müller-Godeffroy, H. (2010). *Einführung in die Betriebswirtschaftslehre für die Verwaltung* (3. Aufl.). o.O.: Schriftenreihe der Forschungsstelle für Betriebsführung und Personalmanagement e.V.

Fitness First (2020). *Zuletzt aufgerufen am 04.11.2020 um 20.00 Uhr:* https://www.fitnessfirst.de/wer-wir-sind

Fitness Management (2019). *Zuletzt aufgerufen am 05.11.2020 um 15.00 Uhr:* https://www.fitnessmanagement.de/management/eckdaten-2019/

Fitness Management (2019b). *Zuletzt aufgerufen am 05.11.2020 um 16.10 Uhr:* https://www.fitnessmanagement.de/fitness/vorteil-duales-studium-win-win-fuer-alle-beteiligten/

Fitness Management (2020). *Zuletzt aufgerufen am 05.11.2020 um 16.00 Uhr:* https://www.fitnessmanagement.de/corona/juni-gibt-fitnessbranche-hoffnung

Handelsblatt Online (2016). *Zuletzt aufgerufen am 05.11.2020 um 17.30 Uhr:* https://www.wiwo.de/gallup-engagement-index-leistung-lohnt-sich-nur-nicht-am-arbeitsplatz/13328696.html

Hanse- und Universitätsstadt Rostock (2020). *Zuletzt aufgerufen am 26.09.2020 um 14 Uhr:* https://rathaus.rostock.de/sixcms/media.php/rostock_01.a.396.de/datei/HRO%20Kaufkraft%202020.pdf

Prof. Dr. Kleinmann M., Prof. Dr. Schuler, H., Dr. Rüdiger, H., Prof. Dr. Sarges, W., (2013). *Assessment - Center. Praxis der Personalpsychologie* (2. überarbeitete und erweiterte Auflage). Göttingen: Hogrefe.

MedX-Rostock (2020). *Zuletzt aufgerufen am 04.11.2020 um 20.00 Uhr:* https://www.medx-rostock.de/

Mitpreisspiegel Tabelle (2017). *Zuletzt aufgerufen am 05.10.2020 um 18.19 Uhr:* https://mietspiegeltabelle.de/mietspiegel-rostock/

Müller-Stewens, G. & Lechner, C. (2011). *Strategisches Management. Wie strategische Initiativen zum Wandel führen: der St. Galler General Management Navigator (4., aktualisierte Aufl.).* Stuttgart: Schäffer-Poeschel.

Nagel, R. & Wimmer, R. (2009). *Systemische Strategieentwicklung. Modelle und Instrumente für Berater und Entscheider* (5., aktualisierte und erweiterte Auflage). Stuttgart: Schäffer-Poeschel.

Openroute Service (2020). *Zuletzt aufgerufen am 04.11.2020 um 20.00 Uhr:* https://maps.openrouteservice.org/directions?n1=49.409445&n2=8.692953&n3=13&b=0&k1=en-US&k2=km

Porter, M. E. (2000). *Wettbewerbsvorteile. Spitzenleistungen erreichen und behaupten* (6. Aufl.). Frankfurt: Campus.

Porter, M. E. (2015). Wie die Kräfte des Wettbewerbs Strategien beeinflussen. *Harvard Business Manager,* (1), 23-33

Sozialgesetzbuch (2020). *Zuletzt aufgerufen am 04.11.2020 um 20.00 Uhr:* https://www.sozialgesetzbuch-sgb.de/sgbv/20.html

Statista Research Department (2017). *Zuletzt aufgerufen am 04.11.2020 um 20.00 Uhr:* https://de.statista.com/themen/1364/rueckenschmerzen/

Venzin, M., Rasner, C. & Mahnke, V. (2010). *Der Strategieprozess. Praxishandbuch zur Umsetzung im Unternehmen* (2., erw. Aufl.). Frankfurt: Campus.

Vitalis (2020). *Zuletzt aufgerufen am 04.11.2020 um 20.00 Uhr:* https://www.vitalis-rostock.de/

7 Abbildungs- und Tabellenverzeichnis

7.1 Abbildungsverzeichnis

7.2 Tabellenverzeichnis